# CORAZÓN ABIERTO

## El Poder Transformador del Amor de Dios

By: Heidy Mejia

# Table of Content

CORAZÓN
Abierto
HEIDY MEJÍA
"EL PODER TRANSFORMADOR DEL AMOR DE DIOS"

**Otro libro escrito por Heidy Mejía en inglés y español**

1. <u>**Mas Alla de Mis Heridas**</u>
2. <u>**El Poder del Perdón**</u>

**Ingles:**
3. <u>**Beyond my Wounds**</u>
4. <u>**The Power of Forgiveness**</u>

**Libros Español e Inglés Escritos por el esposo de Heidy Mejia (Tony Mejía)**

**English:**
1. <u>**From The Streets to The Altar**</u>
2. <u>**A Journey to Redemption**</u>
3. <u>**Morning Blessings & Mercies**</u>

1. <u>**De Las Calles al Altar**</u>
2. <u>**El Camino A la Redención**</u>
3. <u>**Bendiciones y Misericordias de la Mañana**</u>

## Introducción:

Te invito a sumergirte en una experiencia única en las páginas de este libro, donde las emociones fluyen libremente y el amor divino se convierte en el catalizador de transformaciones profundas. "Corazón abierto" es más que un título; es un llamado a descubrir el verdadero significado de la vida a través del poder transformador del amor de Dios.

En la vida cada ser humano es marcado con experiencias tanto buenas como malas.

Las malas son inevitables y muchas veces las recordamos o aferramos a ellas por lo cual vivimos llenos de miedos y limitaciones entre otras cosas.

Atreves de la palabra de Dios podemos encontrar herramientas que nos ayudaran a sobrepasar cualquier obstáculo o situación. En la biblia hay muchos relatos donde en cada uno de ellos podemos ver como atreves del Poder y el Amor de Dios podemos vencer y nuestro final será uno glorioso del cual podremos testificar y ayudar a otros.

Este libro no solo cuenta historias; te lleva a través de una experiencia que trasciende las palabras. Explora cómo el amor de Dios puede superar obstáculos, curar heridas y cambiar vidas. El "Corazón Abierto" es una ventana al poder divino que está en el centro de nuestro ser. Cada página de este libro está llena de la esencia del amor divino, desde relatos conmovedores hasta reflexiones profundas. Este libro no solo tiene como objetivo divertirnos, sino también inspirarnos y guiarnos, recordándonos que el amor de Dios siempre está presente en nuestras vidas.

Te invito a leer "Corazón Abierto" y permitir que el poder transformador del amor divino de Dios te envuelva. Aprenda cómo cada palabra, cada historia, nos recuerda la infinita bondad que nos rodea. ¿Estás preparado para participar en un viaje de autoconocimiento, sanación y renovación a través del poder transformador del amor?

¡Por lo tanto, te espero con los brazos abiertos!

# Capítulo 1

Una historia que enfatiza el valor del libre albedrío y las consecuencias de nuestras decisiones es el relato bíblico de Caín y Abel. Aunque Caín y Abel eran los hijos de Adán y Eva, su uso del libre albedrío hizo que sus vidas cambiaran significativamente.

Abel se encargó de los rebaños como pastor, mientras que Caín cultivaba la tierra y cuidaba de los cultivos. Ambos tomaron la decisión de darle a Dios una parte de sus cosechas algún día. Abel ofreció lo mejor de su rebaño, incluidas las porciones de grasa, mientras que Caín trajo una ofrenda de frutas y verduras. Es importante recordar que Dios dio a Caín y Abel total discreción sobre lo que podían ofrecer, sin imponerles ninguna regla.

Dios aceptó la ofrenda de Abel con favor, pero rechazó la de Caín. Caín experimentó un intenso dolor por el rechazo de su hermano, lo que alimentó sus sentimientos de resentimiento, celos y envidia. Dios le habló a Caín después de observar lo que estaba sucediendo en su corazón en toda su infinita sabiduría. "¿Por qué estás enojado?" Preguntó. ¿Por qué tienes la cara decaída? ¿No serás aceptado si sigues el camino moral? Sin embargo, el pecado está al asecho tocando tu puerta si no sigues el camino correcto; si quiere, pero tienes que controlarlo".

Caín mato a su hermano. De la historia de Caín y Abel aprendemos varias cosas importantes y podemos percibir como las intenciones de su corazón fueron expuestas ante la adversidad.

Esta historia nos enseña cómo debemos tener cuidado con los sentimientos, las emociones y los deseos de la carne que son contrario al fruto del Espíritu Santo. Caín sintió envidia de su hermano porque Dios acepto con agrado la ofrenda de Abel.

Podemos decir que Dios ya conocía el corazón de Caín y en cierta manera le estaba dando una oportunidad de que Caín viera lo que el guardaba en su corazón (la adversidad expone lo que llevas por dentro) y Dios le quería dar la oportunidad de tomar la decisión correcta y que se apretara de todo sentimiento contrario como lo era la envidia y así Dios poder formar su carácter. La decisión estaba en manos de Caín, Genesis 4:7' Si bien hicieres, ¿No serás enaltecido? Y si no hicieres bien, el pecado está a la puerta; con todo esto, a ti será su deseo, tú te enseñorearas de él. 8 y Caín dijo a su hermano salgamos al campo, y saliendo al campo lo mato.

De esta misma manera Dios nos da la libertad de escoger entre hacer el bien o el mal, escoger dar frutos aun en la adversidad o ser arrastro por la naturaleza pecaminosa.

Actuar bajo impulsos o bajo emociones trae consecuencias graves a nuestras vidas y a los que nos rodean. Podemos aun decir palabras hirientes bajo impulso o bajo un memento de presión o frustración causando heridas profundas y luego arrepentirnos, pero ya quizás sea tarde.

Debemos aprender a ser responsables de nuestras emociones, actitudes y decisiones que tomamos, no témenos excusa ni motivos suficientemente justificantes como para actuar con maldad sin medir consecuencias o dañar a otros.

Cuando Dios intenta de confrontar a Caín por el crimen cometido, el evadió su responsabilidad, pero ante Dios no había excusa justificable.

Esto nos enseña a que debemos tomar responsabilidad de nuestras acciones y ser honestos.

Debemos aprovechar la adversidad para meditar en que témenos guardado en nuestro corazón y pedir a Dios nos limpió de toda maldad. La capacidad de elegir entre el bien y el mal es un componente crucial del libre albedrío, como se revela en las palabras de Dios a Caín. Dios le dio a Caín la oportunidad de elegir el curso de acción correcto, superar sus malos sentimientos y seguir el camino de la justicia. Le recordó a Caín que, al final, estaba a cargo de sus propias acciones y le advirtió sobre la grave influencia del pecado.

Lamentablemente, Caín hizo caso omiso del consejo de Dios. Más bien, llamó a su hermano Abel al campo y lo mató porque tenía envidia. Este hecho violento reveló la incapacidad de Caín para usar su libre albedrío para mejor. Permitió que la amargura y la envidia lo superaran, lo que tuvo repercusiones inevitables.

Dios no impidió que Caín eligiera asesinar a la gente, pero sí se enfrentó a Caín después del hecho. "¿Dónde está tu hermano Abel?" Preguntó. Sintiendo el peso de la vergüenza y la culpa, Caín respondió: "¿Soy el guardián de mi hermano?" En un intento de evitar asumir la responsabilidad. (Génesis 4:9) Caín fue desterrado de su familia y de la tierra que había cultivado como el justo castigo de Dios.

El cuento de Abel y Caín ofrece una potente lección de libre albedrío y el valor de tomar decisiones morales. A Caín se le dio la oportunidad de mostrar su devoción y fe a Dios eligiendo cómo presentar su ofrenda. Pero la elección de Caín de permitir que sus malos sentimientos lo controlaran tuvo resultados desastrosos.

La narrativa también demuestra las limitaciones del libre albedrío. Dios advirtió a Caín de las repercusiones de sus acciones, pero al final, Caín tuvo que usar la moderación y tomar la decisión correcta. Dios mostró Su respeto por nuestra capacidad para tomar decisiones de esta manera, incluso cuando esas decisiones tienen efectos desfavorables.

La historia de Caín y Abel sirve como un recordatorio útil de que, aunque el libre albedrío es un regalo que se nos ha otorgado, es nuestro deber ejercerlo de manera responsable. Tenemos el poder de tomar decisiones que glorifican a Dios, promueven la compasión y el amor, y dan lugar a cosas buenas. Pero también tenemos que ser conscientes de las posibles repercusiones de nuestras acciones y hacer un esfuerzo para tomar decisiones moralmente rectas.

# *Capítulo 2*

## Dejate Moldear

La adversidad, la prueba, las dificultades, enfermedades, los escases, perdida de un ser querido, en fin, cada situación que parece contraria puedes usarla como plataforma, como una oportunidad para auto examinarte y trabajar áreas en tu vida como ansiedad, sanidad y perdón.

Romanos 8:28 Sabemos que Dios obra en toda situación para el bien de los que lo aman.

Dios nos ha dado la capacidad de diferenciar entre lo bueno y lo malo, no para vivir señalando al prójimo, pero para nosotros mismos vernos en un espejo atreves de la biblia y dejar que Dios y su Santo Espíritu nos forme. Así podremos dar frutos agradables que otros verán y querrán comer de ellos siendo ellos también transformados. La palabra de Dios dice por sus frutos los conoceréis. Y para dar buenos frutos debemos tener un corazón sano.

Salmos 119:105 Lampara es a mis pies tu palabra, Y lumbrera a mi camino. En la palabra de Dios encontraremos lo que necesitamos para vencer.

Cuando Dios permite una situación en tu vida así parezca contraria, recuerda todo lo que Dios permite es con el fin de formarnos, sanarnos y fortalecer nuestra Fe en El.

En una ocasión yo iba a cocinar una farina(avena) y esto requiere unos materiales entre ellos leche, yo lo primero que hago es ir buscar el gallón de leche y asegurarme que la fecha de expiración no estuviera vencida, la huelo y todo apuntaba a que estaba en buen estado para ser usada. Al poner la leche al fuego la misma se daña, comienza a cambiar su textura y el olor. Mientras calentaba la misma más se notaba que estaba dañada por lo cual no pude usarla porque me haría daño consumirla y también a mi familia.

El Espíritu de Dios ministro mi vida en ese momento y me dijo…. Así muchas veces pasa en la vida del ser humano, por fuera se ve bien, se ve saludable y hasta atractivo… pero cuando llega la dificultad, la adversidad expone lo que hay en su corazón. Yo permito esto para que el ser humano se siente a reflexionar en sus actitudes, su carácter, su manera de hablar y tratar a los demás en esos momentos contrario como la frustración, engaño, perdida, dolor, enfermedad, miedo, etc. Es la oportunidad perfecta para que aceptemos que hay áreas en nuestras vidas que necesitan ser moldeadas y trasformadas atreves del poder y amor de Dios. Te invito a reflexionar, pídele a Dios que te muestre que áreas necesitas fortalecer en especial en esos momentos difíciles.

Preguntas que te puedes hacer.

1.  Escribe Como reacciono cuando alguien me ofended?

_______________________________

_______________________________

_______________________________

_______________________________

2. Cual es mi respuesta ante un personaje me ha ofendido?

_______________________________

_______________________________

_______________________________

_______________________________

3.Al orar pido misericordia pro aquellos que me ofendieron y lastimaron? ¿O pido venganza?

_______________________________

_______________________________

_______________________________

_______________________________

Escribe tu respuesta y pídele al Espíritu Santo te guie y ayudé a fortalecer estas áreas, a tal manera que aun en esos momentos de adversidad puedas glorificar a Dios con tu vida y hechos y otros puedan reconocer eres hijo (a) de Dios. Así darás frutos agradables

# Capítulo 3

Esther es un relato increíble de la valentía, la fe y el desinterés. Narra la historia de una joven judía llamada Esther que, en un acto de valentía y determinación, puso su propia vida en peligro para evitar la aniquilación del pueblo judío. Este conmovedor cuento nos recuerda lo importante que es defender lo que es correcto, incluso cuando hacerlo nos pone en grave peligro.

Ester una mujer hermosa. Sus padres murieron cuando ella era muy joven. Fue criada por su tío Mardoqueo. En esos tiempos había un rey llamado Asuero que gobernaba varias provincias.

La reina Vashty era la mujer de Asuero, ella lo desobedeció y fue destronada. El rey buscaba una nueva reina y ordeno que todas las mujeres bellas y jóvenes de esas provincias se reclutaran y Ester era una de ellas. Ella mantuvo su origen judío en secreto. Ester cautivo al rey Azuero con su belleza y se convirtió en la Reyna de Persia.

Un día Marqueo le salvo la vida al rey al exponerle un plan que había en su contra. Paso el tiempo y no recibió la recompensa.

Un día el rey Asuero no pudo dormir y pide le traigan el libro de las crónicas y ahí lee que Mardoqueo hacia un tiempo atrás le había salvado la vida. ¿Y pregunta "Que recompensa recibió este hombre"? Le responden que nada. El rey Asuero decide honrarlo en agradecimiento y le pregunta a Aman que aconseja para honrar alguien importante. Aman pensaba se trataba del ya que el Rey le tenía mucha estima. Aman le dice deben ponerle la ropa del rey y pasearlo a caballo para que todos lo vean. Para sorpresa de Aman el rey le ordena que así lo haga el con Mardoqueo.

El primer ministro del rey, Aman comenzó a planear la destrucción de los juicios ya que odiaba a Mardoqueo porque él no se postraba ante el al ser judío

Imagínate como se sentía Aman que ahora tendría que honrar a ese mismo hombre que odia y para el cual estaba planeado matarlo. Así que decide hacer una orca y ponerlo en malos términos con el rey para que así el rey ordenara lo ahorcaran.

Ester descubre el plan de Aman y habla con su esposo el rey Asuero para salvar a su pueblo. Ester revelo su origen y expone los planes de Aman para matar a los judíos y acabar con Mardoqueo.

De esta manera el rey ordena que ahorquen a Aman y con la misma orca que él había preparado para Mardoqueo. Todo lo que le pertenecía a Aman paso a manos de Mardoqueo y no solo él fue salvo, sino que también fue cancelada la orden de muerte en contra de los judíos.

Esther era consciente de que ir al rey sin invitación era un movimiento arriesgado que podría poner en peligro su vida. Sin embargo, decidió correr un gran riesgo porque entendía lo profundamente responsable que era ante su gente. Instó a los judíos a observar un ayuno y les pidió que rezaran por su seguridad en su arriesgada misión.

Ester a pesar de tener un comienzo adverso en cierta manera pudo mantenerse firme y así salvo a muchos. Ella se enfocó en su propósito y reino.

Al acercarse al rey con fe inquebrantable y confianza en Dios, Esther reveló valientemente quién era. Luego le rogó que salvara a su pueblo, los judíos, del malvado complot de Aman. Las malas intenciones de Aman fueron finalmente castigadas cuando el rey Asuero revocó el decreto debido a la intervención de Dios y sus fuertes argumentos.

Al acercarse al rey con fe inquebrantable y confianza en Dios, Esther reveló valientemente quién era. Luego le rogó que salvara a su pueblo, los judíos, del malvado complot de Aman. Las malas intenciones de Aman fueron finalmente castigadas cuando el rey Asuero revocó el decreto debido a la intervención de Dios y sus fuertes argumentos.

Las acciones de Esther muestran cómo la decisión de una persona puede tener un impacto incluso ante un peligro extremo. Ella nos enseñó el valor de hablar por la justicia y luchar por los derechos de los oprimidos, incluso si hacerlo pone en peligro nuestra comodidad y seguridad personales.

Este cuento también nos enseña sobre la mano invisible de Dios en el trabajo en el fondo. Dios nunca se menciona directamente en el Libro de Ester, pero su cuidado providencial queda claro a lo largo de la historia. La secuencia de eventos, el ascenso de Ester al trono y su poder sobre el rey sugieren que Dios estuvo involucrado.

Los creyentes de hoy pueden inspirarse en la historia de Esther. Sirve como recordatorio de que Dios siempre tiene un propósito y que exhorta a su pueblo a tener valor ante la dificultad. Nos enseña que podemos cambiar el mundo y que la vida de muchas personas se ve afectada por las decisiones que tomamos.

La historia de Ester es una potente ilustración de la valentía, la fe y el desinterés. El amor y la devoción inquebrantables de Esther se demuestran por su elección de poner su vida en peligro para su pueblo. Se convirtió en una herramienta de liberación de Dios para el pueblo judío por sus acciones. Esta historia todavía nos enseña lo importante que es defender lo que es correcto, incluso cuando hacerlo pone tu vida en peligro.

# Capítulo 4



De la historia de Ester, yo puedo reflexionar y concluir que hay situaciones en nuestras vidas que son adversas y a veces no planeadas no esperadas ni merecidas. Sin embargo, debemos ser víctimas responsables donde al entender que no tengo control u opción en cambiar lo que me sucedió fuera de mi voluntad, pero si tengo la capacidad y responsabilidad de mejorar lo por venir. Hay una parte que témenos que hacer para sanar, madurar, crecer y romper el círculo. Tu pasado no debe determinar tu presente ni tu futuro.

Las personas que te rodean no son culpables de las cosas que has tenido que vivir y enfrentar. Cuando no aprendemos a que toda obra para bien vivimos con resentimiento, pero cuando vemos a Dios en una adversidad, crecemos y somos limpios, sanos y podemos aun ser de bendición a otros. Imagínate a Ester cerrada en el dolor de ser huérfana, tratando con frialdad e indiferencia a quien la crio como hija, ella tenía motivos suficientes para ser egoísta y desconfiada entre otras cosas. Sin embargo, podemos asumir que ella tenía un corazón agradecido, lleno de amor y compasión. Así que ella fue una víctima responsable.

Para ser víctima responsable (o sea alguien que en algún momento fue víctima de algo o alguien, pero decidido responsablemente sanar para no repetir la historia o para no herir a otros) es necesario que
-Rompas el circulo (identifica el problema la raíz de este).

-Sana para que ya no te lastime más ni el recuerdo te haga volver a un estado de dolor, frustración o tristeza. Aunque los recuerdos quedan todo depende como lo recuerdes.
Aprende a verlos como experiencia y sacar una lección que puedes aplicar a tu vida de manera positiva.

-Abre tus ojos, mira y observa, examina como estas tus relaciones a tu alrededor. Esto te lleva a entender si has sanado y superado los obstáculos. Si notas que la gente se aleja de ti, que muchos dicen lo mismo negative de ti, si las relaciones se sienten forzadas y haz fracaso en muchas relaciones. Es tiempo que hagas cambios.
Pregúntales a tus seres queridos "¿Que piensan de ti, como se sienten junto a ti? ¿Les traes paz, se

sienten amados o aceptados? Muchas veces sin darnos cuenta al no sanar lastimamos a otros. Aumenta tu Fe para que te veas como Dios te ve y puedas ver a Dios en toda situación.

Preguntas que te puedes hacer.

1. Recuerdas alguna situación que te haiga hecho sentir
como una víctima?

_______________________________

_______________________________

_______________________________

_______________________________

_______________________________

_______________________________

_______________________________

2..¿Quien té hizo sentir así?

_______________________________

_______________________________

_______________________________

_______________________________

_______________________________

3.  Has podido superarlo?

_________________________________

_________________________________

_________________________________

_________________________________

_________________________________

_________________________________

4. Como tratas las personas que rodean?

_________________________________

_________________________________

_________________________________

_________________________________

5. Cuando estas bajo estrés o presión como reaccionas y tratas a los demás?

_________________________________

_________________________________

_________________________________

Si no ha podido superar estas cosas Pídele a Dios que sane tu vista para ver atreves de él y no atreves de la circunstancia o del dolor que ha recibido.

En un mundo lleno de tanto caos, donde la maldad aumenta cada día, donde hay tanta incertidumbre, no podemos mirar a lo que nos rodea o a lo que un día fue.

¿Recuerda, Alzare mis ojos a los montes de donde vendrá mi socorro? Mi socorro viene de Jehová quien hizo los cielos y la tierra.

Dios puede sanar tus heridas y ayudarte a ver más allá. Donde tu vez final Dios te da un nuevo comienzo, una nueva oportunidad. Lo que parece Muerte Dios le da vida, lo que hoy es enfermedad Dios lo ve como una oportunidad para un Milagro y sanidad.

Isaías 43:19

¿He aquí yo hago cosa nueva Pronto saldrá a la luz, no la conoceréis?

Otra vez abriré camino en el desierto y ríos en la soledad.

Así que pídele a Dios que te ayude a fortalecer tu fe.

Mira cada obstáculo como una oportunidad de crecimiento donde puedes aun ayudar a otros. De esta manera podrás ser una víctima responsable donde lo pasado no te define.

# Capítulo 5

En Lucas vemos la historia de dos hermanos. Uno de ellos le conocemos como el hijo prodigo. El hermano menor un día viene a su padre y le pide la parte que le tocaba de su herencia. El padre accede y le entrega LAN misma. Este hijo decide irse lejos y gasto todo en pecado y una vida desenfrenada sin medir consecuencias ni considerar que en algún momento se le acabaría todo.

Llego el día de hambre y escaches, ya no tenía con que sustentarse. Él consiguió un empleo en esa ciudad donde se encontraba. El trabajo era cuidar cerdos. Llego a pasar tanta hambre que deseo comer de la comida de los cerdos y no había quien se compadeciera de él y le diera comida.

Un día meditando se acordó de los jornaleros de su padre que tenían comida que les sobraba. Entonces deseo Volver a su padre. Un día decidido Volver y planeaba decirle a su padre "padre he pecado contra ti y tu casa, no merezco que me llames tu hijo, trátame como a tus jornaleros", así que decidido regresar.

Estando en un lejos, su padre lo ve y se conmovió su corazón, y salió a su encuentro. El padre fue quien llego al encuentro de ese hijo que se fue en cierta rebeldía. El padre fue y lo abrazo. El padre ordeno que se hiciera una fiesta para celebrar que su hijo había vuelto. También ordenó que le pusieran la mejor ropa y un anillo. Se cocino el becerro más gordo y celebro con un banquete.

El hijo mayor estaba en el campo por lo cual no había dado cuenta. ¿Al regresar y acercarse a la casa escucho música, y le pregunto a uno de los siervos "que estibaba pasando?

El respondió," Ha llegado tu hermano y tu papa está celebrando porque su hijo ha vuelto.

El hermano mayor sintió coraje y no entro a la fiesta, así que el padre salió a suplicarle que entrara. Pero él le respondió al padre

"Te he servido por tantos años y he obedecido cada una de tus órdenes y ni un cabrito me has dada para celebrarme una fiesta, pero ahora llega ese hijo tuyo que gasto todo lo que con mi esfuerzo obtuvimos, lo gasto todo en prostitutas y tú lo recibes con una gran fiesta y mandas a matar el becerro más gordo para él.

El padre le responde "Hijo mío tu siempre estás conmigo y todo lo mío es tuyo, pero teníamos que celebrar que tu hermano estaba muerto y ahora vive, estaba perdido y lo hemos encontrado."

Es verdaderamente impresionante el amor de un padre. Esta parábola tiene un mensaje complejo que toca una amplia gama de temas. Hace hincapié en el valor de la rendición de cuentas individual y los resultados de nuestras acciones, para empezar. El hijo menor se volvió desesperado y sin un centavo como resultado de sus acciones descuidados y el mal manejo de su herencia. Esto pone de relieve los efectos negativos del egocentrismo y de tomar malas decisiones, implorando que pensemos en los efectos a largo plazo de las decisiones que tomamos. El padre del hijo menor se apresura a ofrecerle aceptación y perdón a pesar de sus fechorías y desobediencia.

Esto demuestra el amor inquebrantable de Dios y su disposición a perdonar a cualquiera que realmente lo pida. Sirve como recordatorio de que siempre podemos recurrir a Dios y encontrar perdón, independientemente de lo lejos que caigamos o de cuántos errores cometamos.

El hijo mayor, que había permanecido sumiso y fiel a su padre, se enfurece y se resiente cuando su hermano regresa. Su punto de vista pone de relieve el peligro de pensar que es justo y la necesidad de actuar, como Dios ha demostrado, con compasión y perdón hacia los demás.

Nuestros puntos de vista hacia otras personas también son cuestionados por la parábola. El hijo mayor, que había permanecido obediente y fiel a su padre, se enfurece y amarga cuando su hermano regresa. Desde este punto de vista, destaca los peligros de la atrocidad y la necesidad de actuar, como Dios ha demostrado, con perdón y compasión hacia los demás.

La principal conclusión del Hijo Pródigo es que el amor y el perdón de Dios siempre están disponibles para nosotros si volvemos a Él con un corazón arrepentido, independientemente de lo lejos que podamos vagar o de lo profundamente que podamos caer en el pecado. La parábola sirve como recordatorio de que el amor de Dios se da libremente y no se puede ganar. Él está esperando pacientemente a que volvamos a Él para que pueda sanarnos con Su amor y perdón; no tenemos que ganarnos Su favor de nuevo.

La historia también nos muestra la naturaleza destructiva de la arrogancia y la santidad. La negativa del hijo mayor a mostrar perdón y regocijarse por el regreso de su hermano sirve como recordatorio de los peligros de guardar rencor y la importancia de tener un corazón amable y humilde.

El Hijo Pródigo sirve como un recordatorio de que siempre somos redimibles, independientemente de lo lejos que nos hayamos desviado. El perdón de Dios siempre está disponible para aquellos que realmente lo piden, y su amor es ilimitado. Esta historia nos desafía a mirar hacia dentro, a extender el perdón y a creer en el poder sanador del amor inquebrantable de Dios.

# *Capítulo 6*

En la historia anterior vemos varios exoneraros.

Un hijo que fallo, se fue y arrepentido regresa a casa. Un hermano mayor que expone lo que hay en su corazón y siente celos y no acepta que su hermano regresare.

Vemos a un padre que ama a ambos hijos Por igual, sin favoritismo ni limitaciones. El hermano mayor expreso al padre como él siempre estuvo ahí y trabajo mientras el otro se fue. Esto me da en entender que lo hacía buscando un beneficio, un reconocimiento. Muchas veces amamos de esta manera o personas nos aman admiran mientras somos de beneficio para ellos, pero llega el momento donde sus intenciones son reveladas y terminamos alejándonos de ellos.

No debemos tomar esto como Perdida ni arrepentirnos de amar y hacer el bien aun cuando ellos no hacen lo mismo.

Vemos al hermano menor que se humillo de corazón y fue exaltado. Nuestro corazón debe mantenerse puro, limpio y humillado, reconociendo que no somos merecedores de tantas cosas buenas que Dios a diario nos entrega, sus muestras de amor son como las de este padre. A diario Dios tiene detalles con sus hijos, o sea contigo y conmigo. Nos ha Regalado el sol, la luna, las estrellas, el mar, el viento que al soplar y refrescar tu resto nos recuerda ese soplo de vida que Dios nos ha dado. Nos ha Regalado dones, talentos, salud, la naturaleza que en fin es hermosa y fue regalada a nosotros como muestra de su gran amor y cuidados.

Pero como el hermano mayor cuando su padre le dice "Todo lo que tengo es tuyo alégrate por tu hermano "estas enfocado en el becerro y la fiesta, pero no puedes ver ni agradecer que siempre ha estado conmigo y yo contigo y todo lo que tengo es tuyo"

Así somos muchas veces, nos enfocamos en lo temporal, en lo que quiero y no tengo, en quien estuvo y se fue, Y nos olvidamos o damos por menos el amor de Dios que permanece para siempre.

El padre, simboliza el amor de Dios a nosotros sus hijos, es una muestra de amor, sacrificios y entrega total. Este padre pudo reclamarle al hijo todo lo que el hijo hizo mal, como no valoro los esfuerzos del como padre, como peco y fallo, como abandono el hogar y se fue lejos. Sin embargo, dice que el padre lo vio de lejos y fue a su encuentro, fue y alcanzo a su hijo con brazos abiertos. Sin reclamo alguno solo se alegró de que el hijo había vuelto.

Así es el amor de Dios para con nosotros sus hijos, no importa cuantas veces fállenlos y nos alejemos de Él. Dios nos espera con brazos abiertos dispuestos a recibirnos y perdonar cada falta. Su amor nos alcanza, nos persigue no importa que tan lejos queramos huir de Él.

A veces en nuestra vida nos encontramos con personas como este hermano mayor que en vez de alegrarse nos desean el mal y no quieren que volvamos a casa. Personas que por una razón u otra nos intentan hacer mal y terminamos alejándonos de Dios o de casa que es la iglesia. Debemos entender que nuestra lucha no es contra carne ni sangre, es contra espíritus enviados a detener la obra de Dios en nuestra vida.

Cada persona da conforme a lo que tiene, peor so te aconsejo a no tomarlo como un ataque personal en tu contra más bien es reflejo de luchas internas que ellos llevan y no han vencido. Así que no permitas que la actitud o decisiones de otro te afecte a tal manera que te llenes de dolor o alejes de Dios.

Si te has alejado, si estar arrepentido te invito a que como el hijo prodigo regreses a casa, clama a Dios y él te responderá. Dios te espera con brazos abiertos y te ama como nadie jamás podrá amarte.

Te invito a tomar un tiempo de reflexión y responde estas preguntas. Al final te daré unos versos bíblicos para que puedas vencer.

Preguntas que te puedes hacer.

1. EscribTe has sentido que Dios no ha sido justo?

_______________________________

_______________________________

_______________________________

_______________________________

_______________________________

_______________________________

_______________________________

_______________________________

2.Sientes que Dios se alejó de ti?

_______________________________

_______________________________

_______________________________

_______________________________

3. Te siente indigno el amor de Dios?

_______________________________

_______________________________

_______________________________

_______________________________

_______________________________

_______________________________

_______________________________

_______________________________

_______________________________

4. Te sientes sucio por tu pasado y sientes
vergüenzas en egresar Dios?

_______________________________

_______________________________

_______________________________

_______________________________

_______________________________

Muchas veces heridas del pasado que no han sido sanadas o trabajadas pueden crear una barrera en nuestras vidas y terminamos alejándonos de personas y lugares como la iglesia. Sea cual sea la respuesta que has escrito, sea cual sea la situación quiero que sepas y tenga Fe que Dios está contigo, nunca te ha dejado. Él te ama y cada mañana su misericordia son nuevas. Él está esperándote con brazos abiertos y quiere celebrar una fiesta a tu favor.

# Capítulo 7

La profunda lección del rechazo de José es excelente para las personas que están pasando por experiencias similares en el mundo moderno.

La infancia de Joseph estuvo marcada por el abandono temprano de sus hermanos. Su padre le dio un abrigo único con varios colores cuando era un niño pequeño como señal de su alto nivel en la familia. Los hermanos de Joseph le tenían envidia debido a su favoritismo, y también hicieron caso omiso de sus necesidades y sentimientos.

Cuando los hermanos de Joseph conspiraron para hacerle daño, el desprecio que experimentó por parte de su familia se destacó aún más. Cuando su padre envió a Joseph a ver cómo les iba mientras cuidaban de sus rebaños, se aprovecharon de la situación. Envidiosos y resentidos, tomaron la decisión de hacerle daño. Con la intención de dejarlo allí para perecer, se quitaron su abrigo especial y lo arrojaron a un pozo. Pero al final, lo vendieron como esclavo a una caravana de comerciantes que pasaba en lugar de matarlo.

Después de ser transportado a Egipto y vendido a la casa de Potifar, un oficial del faraón, el viaje de descuido de José persistió. Joseph mostró tenacidad y compromiso con su trabajo a pesar de ser un esclavo, y finalmente ganó el favor del maestro. En consecuencia, fue elevado al cargo de supervisor del hogar. Sin embargo, la suerte de Joseph cambió abruptamente una vez más cuando la esposa de Potifar lo acusó injustamente de un crimen que no había cometido. Fue encarcelado injustamente, lo que agravó el abuso que ya había experimentado.

El espíritu de José nunca falló ni siquiera en la cárcel. A medida que persistía en mostrar integridad y sabiduría, el jefe panadero y portador del faraón se interesó en él y también fueron encarcelados. Sus sueños fueron interpretados correctamente por Joseph, y sus predicciones se hicieron realidad cuando el panadero fue asesinado y el copero fue puesto de nuevo en su lugar. José le pidió que lo llevara al faraón con la esperanza de que fuera recordado cuando se restableciera el copero. Pero Joseph fue olvidado por el copero, que lo dejó pudrirse en la cárcel aún más tiempo.

Si bien muchas personas habrían perdido la esperanza y la fe en Dios durante este prolongado período de negligencia y dificultades, la fe y la confianza de José en Dios seguían siendo inquebrantables. El faraón pronto recompensó la fuerza de José llamándolo a interpretar un sueño preocupante que le había estado molestando. La interpretación de José, dada por Dios, previó con precisión los siete años de abundancia y los siguientes siete años de hambruna que le pasarían a Egipto y a las áreas vecinas.

El faraón nombró a José el segundo al mando, a cargo de todo el país de Egipto, después de quedar impresionado por su inteligencia y juicio. Debido a su posición, José pudo no solo preparar a la nación para la inminente hambruna, sino también reunirse con su familia, que había viajado a Egipto en busca de comida durante la pandemia. En este mismo momento, mientras sus hermanos se inclinan involuntariamente ante él, los sueños de José se hacen realidad, cumpliendo la redención total de su negligencia.

Esta historia nos enseña valiosas lecciones sobre la fidelidad inquebrantable, la perseverancia y el perdón de Dios a los demás. José fue sometido a años de maltrato, mentiras y acusaciones falsas, pero nunca perdió la esperanza en Dios. Debido a que persistió en tener una fe inquebrantable en Dios e integridad moral, superó sus circunstancias y cumplió su propósito divinamente designado. También sirve como un poderoso recordatorio del valor del perdón. En lugar de tomar represalias o albergar resentimiento hacia sus hermanos, José les mostró verdadero amor y perdón cuando los enfrentó después de su primera reunión. Además de volver a unir a su familia, este acto de perdón proporcionó una poderosa ilustración de la bondad y la gracia de Dios en nuestras propias vidas.

José nunca dejo en su resistencia o fe, ni siquiera durante sus puntos más bajos. Joseph sufrió abusos, pero nunca vaciló en su devoción a Dios o en su convicción de que había más en la vida. A lo largo de su viaje, esta fe inquebrantable sirvió como un faro de esperanza, permitiéndole superar sus circunstancias y, en última instancia, alterar el curso de la historia.

Atreves de una visión de José importante de los efectos del rechazo en las personas. En primer lugar, la negligencia puede hacer que los miembros de la familia se vuelvan envidiosos, resentidos y divididos. Destaca lo crucial que es tratar a cada miembro de la familia por igual, con amor y sin favoritismo, una práctica que puede sembrar las semillas del conflicto.

Esto nos enseña el poder del perdón y la capacidad de superar el abandono. Cuando sus hermanos vinieron más tarde a él en pedir ayuda, José los perdonó a pesar de que había experimentado el rechazo de su propia carne y sangre. Su perdón no solo recompuso su relación, sino que también demostró el potencial restaurador y transformador del perdón.

Esto nos sirve como recordatorio de que el valor o el destino final de una persona no están determinados por su negligencia. Joseph se mantuvo dedicado y concentrado en sus objetivos a pesar de haber sido abandonado y maltratado. Se levantó de las profundidades de la esclavitud para convertirse en un líder fuerte y significativo en Egipto a través de la tenacidad, el trabajo y la fe en Dios.

El rechazo no tiene la última palabra, como lo demuestra el ascenso de Joseph a la prominencia, su don para la interpretación de los sueños y su parte en la prevención de la hambruna en Egipto. Para cualquiera que haya experimentado ser olvidado o pasado por alto, es una historia de redención, resistencia y esperanza.

El relato bíblico de José ofrece lecciones importantes sobre el abandono y sus efectos en las personas. Destaca lo crucial que es tratar a cada miembro de la familia de manera igual y amorosa, evitando el favoritismo que puede generar resentimiento y envidia. Ejemplifica la capacidad de autotransformación y el poder transformador del perdón. Aquellos que han sido descuidados pueden encontrar inspiración en la historia de José, que les recuerda que su valor y destino están determinados por su propia fe, tenacidad y capacidad de creer en un propósito mayor en lugar de en las acciones de los demás.

# *Capítulo 8*

Para manejar el rechazo debemos entender que no siempre es por algo por lo que tenga que ver conmigo. A veces hay personas que están pasando situaciones que no conoces y automáticamente pone una pared y crea prepucio. Otras simplemente tu recuerdas a alguien que un día lo hirió y al verte siente todas estas emociones negativas y las descarga en ti. El rechazo de pareja lastima áreas como lo son la autoestima y te llevan a cuestionarte a ti mismo.

Debes entender que no eres responsable de las acciones de otros en tu contra. Que cada uno da según la capacidad que tienen para dar.

El rechazo de un líder te lleva a cuestionar y dudar de tus habilidades y de tu potencial, donde aún tu Fe se puede ver afectada.

Esto podrá llevarte aun a cuestionar si en realidad eres llamado, escogido, amado y perdonado por Dios.

Rechazo por parte de un familiar cercano o por es padres, nos puede llevar a crear un miedo al abandono. Tratamos incluso de comprar o gran el amor y aceptación de ellos porque creemos no somos lo suficiente para ser amados y tratamos con fuerzas humanas de hacer cosas para merecer ese amor o aceptación.

Esto nos lleva a tener miedo a entregarnos o apegarnos a las personas por miedo a que un día ya no estarán y me sentiré igual a cuando mama o papa me abandonaron o me hicieron sentir inmerecido de su amor o compañía.

Usualmente esto lo reflejamos en la manera que aceptamos o rechazamos el amor de Dios para nuestras vidas.

Cuando sufrimos algún tipo de rechazo y no lo enfrentamos y vencemos esto nos lleva a sentirnos culpables o responsables de todo lo que nos sucede. Es necesario entender que no tiene nada que ver con nosotros. No pongas una pared que aleje a personas que están dispuestas a amarte, ayudarte y cuidarte. Sobre todo, no cierres tu corazón a tu padre celestial porque alguien no tuvo la capacidad de amarte y valorarte.

Para vencer con el rechazo, puede ayudarte entender y saber que Jesús fue rechazado sin merecerlo. Nuestra lucha es contra demonios contra espíritus enviados para alejarte de Dios, que no te veas como Dios te ve y hacerte sentir inmerecidos de su amor, su gracia y salvación.

Recuerda eres amado, aceptado, perdonado y muy valioso.

No pienses más en quien te rechazo ora por ellos para que enfrenten lo que llevan por dentro que no han superado. Medita en Dios en su grande e infinito amor.

Suelta y renuncia a todo Espíritu de rechazo de abandono. Rompe el ciclo. Ama y acepta a cada uno siempre mostrando el amor de Dios.

Preguntas que te puedes hacer.

1. Serás que soy suficiente?

_______________________________________

_______________________________________

_______________________________________

_______________________________________

_______________________________________

_______________________________________

_______________________________________

_______________________________________

2.Serás que soy atractiva(o)?

_______________________________________

_______________________________________

_______________________________________

_______________________________________

_______________________________________

Te invito a hacer una lista de personas o palabras negativas que te han lastimado y escribe otra lista de personas que te aman. Escribe tus cualidades y tus debilidades. Y por último escribe que Dios dice de ti.

_______________________________________

_______________________________________

_______________________________________

_______________________________________

_______________________________________

_______________________________________

_______________________________________

_______________________________________

_______________________________________

_______________________________________

_______________________________________

_______________________________________

_______________________________________

_______________________________________

_______________________________________

_______________________________________

Ahora ora por esas personas y perdónalas. Y por esos que te han amado y han estado ahí, pídele a Dios te ayude a amarlos, bendecirlos y valorarlos. Por último, pídele a Dios te ayude a verte atreves de sus ojos. Solo atreves del amor de Dios podemos amar de la manera correcta. Al amarte a ti mismo aceptas en su totalidad el amor de Dios hacia ti y su sacrificio para salvarte y darte vida eterna.

1 Juan 3:1-2

Amados ahora somos hijo de Dios. Soy amada(o) valorada(o), aceptada(o), querida(o) y le pertenezco a Dios

Independientemente de lo que han dicho o digan los demás, nuestra identidad esta Segura en Dios y en quien Dios dice que somos.

# Capítulo 9

Un personaje importante en el libro bíblico de Ester llamado Mardoqueo sirve como ejemplo de la intervención oportuna de Dios en la vida de su pueblo. Su narrativa enfatiza el valor de la perseverancia, la valentía y la fe en la providencia de Dios, especialmente en tiempos difíciles.

El reinado de Asuero vio al hombre judío Mardoqueo residir en el Imperio Persa. Era miembro de la tribu Benjamín y había sido capturado con muchos otros judíos. Incluso en cautiverio, Mardoqueo nunca vaciló con su identidad o sus raíces. Después de la muerte de sus padres, él se convirtió en una figura paterna de su prima Esther al criarla.

La historia de Mardoqueo gira en torno a su inquebrantable devoción a Dios. Desafió al fuerte y altivo Aman, un funcionario en la corte del rey. La animosidad de Aman hacia Mardoqueo y, en consecuencia, hacia todos los judíos, fue avivada por este acto de rebelión. Aman planeó acabar con la población judía de todo el reino. Cuando Mardoqueo se dio cuenta de que su pueblo estaba en grave peligro, actuó de inmediato. Se puso en contacto con Esther, rogándole que actuara como defensora de su pueblo usando su poder como reina.

Aquí es donde se revela el increíble momento de la intervención de Dios. Al principio, Esther tenía miedo de acercarse al rey por su cuenta porque podría perder la vida si lo hacía. Sin embargo, se le recordó en un mensaje contundente de Mardoqueo que tal vez había sido hecha reina "por un tiempo como este". Esta expresión captura sucintamente la idea de que Dios usa a personas particulares en momentos particulares para lograr sus objetivos.

Impulsada por su amor por su pueblo y motivada por las palabras de Mardoqueo, Esther encontró el valor de acercarse al rey. Dios milagrosamente cambió la situación en Aman a través de una secuencia de eventos bien planificada. Después de que se descubriera el plan para destruir a los judíos, Aman fue considerado responsable de sus malas acciones.

Podemos aprender una valiosa lección de la historia de Mardoqueo sobre el momento de las intervenciones de Dios. Frente a las dificultades, Dios puede parecer dileno o no responde, pero sus propósitos se llevan a cabo silenciosamente en segundo plano. Mardoqueo es una inspiración para todos nosotros debido a su fe inquebrantable en el tiempo de Dios. Se dio cuenta de que el objetivo final del plan de Dios para la coronación de Esther era salvar a su pueblo de una muerte segura.

Podemos experimentar circunstancias en nuestras propias vidas en las que sentimos como si Dios nos hubiera olvidado, nos hubiera abandonado o ambas cosas. Podríamos preguntarnos por qué parece que nos enfrentamos a obstáculos insuperables y por qué nuestras oraciones no parecen ser escuchadas. Pero el cuento de Mardoqueo sirve como recordatorio de que todo sucede exactamente como Dios quiere. Aunque sus planes podrían no coincidir con los nuestros, él siempre está a cargo.

Incluso en la peor de las situaciones, debemos seguir siendo obedientes y creer en la providencia de Dios. Nuestra fe en el momento de Dios puede resultar en maravillas en nuestras propias vidas, al igual que la fe inquebrantable de Mardoqueo finalmente condujo a la salvación de su pueblo.

El cuento de Mardoqueo también destaca la fuerza de la comunidad y la unidad frente a las dificultades. El pueblo judío necesitaba unirse y buscar la liberación de Dios como grupo, y el llamado de Mardoqueo a Ester fue más que una simple súplica personal. Sus actos y oraciones combinados revelaron su confianza en Dios y su determinación de resistir los poderes del mal.

La historia de Mardoqueo nos imparte la importante lección de tener fe en la providencia y el tiempo de Dios. Está profundamente involucrado en nuestras vidas, al igual que diseñó la vida de Mardoqueo para evitar la destrucción del pueblo judío. Frente a las dificultades, debemos seguir siendo obedientes, valientes y unidos porque sabemos que Dios nos proveerá en su momento perfecto.

# *Capítulo 10*

¿Muchas veces nos preguntamos porque pasan cosas malas a gente Buena, y cosas buenas a gente mala?

A veces cuestionamos la justicia de Dios y porque a veces la gente que practica maldad parece tener una vida mejor o ganar más beneficios. Primeramente, Jesús siendo el hijo de Dios, siendo perfecto si pecado o maldad alguna, sufrió rechazos, golpes, traiciones, muchos no creyeron en El, etc. Jesús no merecía el castigo que recibió, más lo hizo por amor a nosotros, su padre no lo dejo solo, aunque en un momento de su humanidad Jesús se sintió solo y exclamo al padre "Porque me has abandonado? También en un momento dijo en desespero "Si es posible pasa de mi esta copa, Pero que se haga tu voluntad".

Aquí podemos ver como cosas malas parecen pasarle a gente buena sin ellas merecerla. Sin embargo, debemos tener la absoluta confianza de que todo obrara para bien y que Dios siempre llega a tiempo a nuestra ayuda.

En la historia de Ester vemos a Mardoqueo. Él era el tío de Ester quien la tomo como hija al su padre morir y la crio como hija propia. Podemos decir que Mardoqueo era un hombre de gran corazón, noble, con buenos sentimientos, responsable y temeroso de Dios. Sin embargo, al leer la historia en el libro de Ester vemos que Aman quien era un alto funcionario del rey Asuero. Él era un hombre orgulloso y ambicioso que le gustaba ser exalta dado, adorado por los hombres o sea que postraran ante en él.

Mardoqueo era judío y se negó postrarse a Asuero por lo cual Asuero quiso acabar con su vida Asuero había dado una orden de que mataran a todos los judíos para acabar con Mardoqueo de paso. Esto llevo a Mardoqueo a estar de luto ya que le dolía la injusticia cometida al ver que muchos judíos estaban siendo asesinados, sin embargo, nunca se postro ante a Asuero si no que siempre temió, respeto y solo a Dios se inclinaba. (parece injusto cierto. ¿Y yo me hubiera preguntado donde está el Dios justo que permite tanto dolor?)

En la historia vemos que un día Mardoqueo salvo la vida del rey, y una noche el rey se acuerda de esto y pide se o haga honor o sea que Mardoqueo sea recompensado peor so y resulta ser Asuero quien tuvo que dar tal honra porque Asuero se enojó aún más. La reina supo lo que pasaba y prepare dos cenas, en la primera guardo silencio.

Luego Asuero planeo una orca para ahorcar a Mardoqueo, ya estaba todo planeado y Asuero planeaba en la segunda cena que fue invitado presentar la petición de que Mardoqueo fuese ahorcado. La Reyna Ester era judía, pero se había reservado este detalle de su origen. Ester entendía que era tiempo de hablar y desenmascarar los planes de este hombre. Así que le dijo al rey lo que Asuero había hecho. Y el rey ordeno que Asuero fuera ahorcado en la misma orca que él había preparado para Mardoqueo. De esta manera Dios justo a tiempo hizo justicia y Mardoqueo termino siendo el Segundo en autoridad y todo lo que le pertenecía a Asuero fue entregado a Mardoqueo.

Aquí podemos aprender que Dios si es justo y a su tiempo pone todo en su lugar. Que donde hemos sido afligidos ahí mismo Dios nos podrá en alto. Pero es necesario guardar silencio y esperar en Dios. Orar por misericordia y permanecer fieles a Dios. Nunca negar nuestra Fe.

Te invito a reflexionar en la historia que leíste anteriormente y medites en la misericordia de Dios que no solo está a tu disposición, pero también para aquellos que a ti te han herido y hecho mal. La sangre de Cristo fue derramada tanto para ti, para mí y para cada ser humano sin importar su condición. Así que perdona y espera en Dios. La pelea por tu causa mientras te mantengas actuando en justicia.

No pierdas la Esperanza porque veas que las cosas salen mal o no salen a tu manera como esperabas. A veces puede parecer que Dios está tardando en responder a nuestra oración o que no viene a nuestro encuentro cuando más lo necesitamos. El a veces guarda silencio, pero siempre está a tu lado, guarda silencio mientras te va formando atreves de la prueba que puedes estar pasando. Dios tiene un plan perfecto y su tiempo es perfecto. El actúa justo en el tiempo preciso y no serás el mismo que entro a la prueba saldrás diferente. Dios siempre está obrando a nuestro favor incluso cuando no podemos verlo ni entenderlo. Por eso debemos esperar pacientemente en Fe sabiendo que Dios llegara a tiempo y nos guiara al camino correcto.

Preguntas que te puedes hacer.

1.  Porque a veces nos preguntamos por qué a la gente buena le pasan cosas malas y a la gente mala le va bien?

_______________________________

_______________________________

_______________________________

_______________________________

2. ¿Como podemos confiar en que, a pesar de las injusticias, Dios siempre llegara a nuestra ayuda y obrara para nuestro bien?

_______________________________

_______________________________

_______________________________

_______________________________

3.¿Que nos ensena la historia de Mardoqueo en relación con la justicia de Dios y cómo podemos perseverar en la fe a pesar de la dificultar?

_______________________________

_______________________________

_______________________________

_______________________________

4. Como podemos evitar caer en tentación y tomar malas decisiones según el texto?

_______________________________________

_______________________________________

_______________________________________

_______________________________________

_______________________________________

5. Cual es la importancia de buscar dirección de Dios antes de tomar decisiones y abrir nuestro corazón a las personas?

_______________________________________

_______________________________________

_______________________________________

_______________________________________

_______________________________________

_______________________________________

_______________________________________

Te invito a reflexionar en la historia que leíste anteriormente y medites en la misericordia de Dios que no solo está a tu disposición, pero también para aquellos que a ti te han herido y hecho mal. La sangre de Cristo fue derramada tanto para ti, para mí y para cada ser humano sin importar su condición. Así que perdona y espera en Dios. La pelea por tu causa mientras te mantengas actuando en justicia.

No pierdas la Esperanza porque veas que las cosas salen mal o no salen a tu manera como esperabas. A veces puede parecer que Dios está tardando en responder a nuestra oración o que no viene a nuestro encuentro cuando más lo necesitamos. El a veces guarda silencio, pero siempre está a tu lado, guarda silencio mientras te va formando atreves de la prueba que puedes estar pasando. Dios tiene un plan perfecto y su tiempo es perfecto. El actúa justo en el tiempo preciso y no serás el mismo que entro a la prueba saldrás diferente. Dios siempre está obrando a nuestro favor incluso cuando no podemos verlo ni entenderlo. Por eso debemos esperar pacientemente en Fe sabiendo que Dios llegara a tiempo y nos guiara al camino correcto.

# *Capítulo 11*

## Mujer de Flujo de Sangre

En Marcos 5:25-34, podemos leer la historia de una mujer que padecía de una enfermedad, ella padecía de un flujo de sangre por 12 años de su vida. Ella fue donde médicos y gasto todo lo que tenía en busca de una cura, pero nadie la pudo ayudar.

Un día, escucho hablar de Jesús y su habilidad para sanar a los enfermos. Llena de Fe y esperanza decidido acercarse a él en busca de ayuda. Ella vino por detrás entre la multitud, y toco el borde de su manto. Porque decía si tocare tan solo su manto seré salva.

En seguida la Fuente de sangre se secó; y sintió en el cuerpo que estaba sana de aquel azote.

Jesús conociendo en sí mismo el poder que había salido de él; volviéndose a la multitud dijo: 'Quien ha tocado mis vestidos?' Sus discípulos respondieron 'Ves que la multitud te aprieta, y dices: ¿Quién me ha tocado? Pero él miraba alrededor para ver quién había hecho esto. Entonces la mujer, temiendo y temblando, sabiendo lo que en ella había hecho, vino y se postró delante de él, y le dijo toda la verdad. Y él le dijo: Hija, tu fe te ha hecho salva; ve en paz, y queda sana de tu azote.

Es evidente que para esta mujer poder llegar hasta donde Jesús tuvo que enfrentar muchos obstáculos, como vencer la vergüenza ya que en este tiempo padecer de esta condición se consideraba a la persona impura, el rechazo de muchos. Ella tuvo que romper reglamentos ya que por su condición ella debía estar apartada de la Sociedad.

Algo impresionante es ver que además de la Fe que ella tenía, también en ella había una gran fuerza de voluntad, una necesidad que solo ella podía entender y esto la llevo a actuar, la llevo a sobrepasar todo impedimento que le habían puesto. Ella tomo una decisión que cambio su vida para siempre. Fe sin action es Muerte.

# Capítulo 12

## Sin movimiento no hay cumplimiento

Esta historia que compartí anteriormente habla mucho a vida. Al igual que ella en mi vida padecía de un sangrado, pero el mío era interno. Mi vida fue marcada por años, desde mi infancia. Por largos años de mi vida mi corazón cargaba con un gran dolor, odio, culpabilidad etc. Todo eso me llevo a cargar en mi vida un gran peso que cada vez era más pesado y evidente. Mi personalidad, mi carácter era desafiante y no podía amar sinceramente. Vivía una vida vacía y trate todo lo que el uno nos puede ofrecer y nada podía sanar la condición que en mi había.

Criada en la iglesia, sabia de Jesús, pero no lo conocía en totalidad. Hasta que un día como esta mujer, fui en busca de un Milagro. Con dudas, miedos y debilidades llegue y Dios sano mi corazón, me liberto de vicios, aprendí a amar atreves del amor de Dios que es tan inmenso que llena todo. El me enseñó a perdonar y amar aun a aquellos que me han lastimado y fallado. Desde ese día mi vida cambio por complete. Quizás tu al igual que yo llevas años tratando de ser libre de dolor, de falta de perdón, de recuerdos que te lastiman. Quizás estas cansado de tratar todo con tus propias fuerzas y nada te ha dado resultado

Quizás estes pasando situaciones

por años y estas esperando una respuesta de Dios, un milagro.

Así a veces buscamos

respuesta en lo que a nuestros ojos parece correcto, aun en vicios para llenar un vacío que solo Dios puede llenar.

En el verso 21 Dice que ella había escuchado hablar de Jesús y por detrás se acero y dijo

Si tan solo toco el borde de su manto seré sana:

Al instante de ella tocarlo fue sana y su flujo se detuvo.

Cuando llamas a Jesús y vas en busca de El para un milagro y salvación él te escucha.

Para ella recibir su Milagro tuvo que recomer su condición.

Que no había nada que ella pudiera hacer.

Se censo de lo mismo.

Al escuchar de Jesús ella tuvo Fe y tomo la decisión de ir en busca de su Milagro.

A ella no le importo lo que dijeran, ni la crítica, quizás la burla ni el rechazo. Ella enfrento todo impedimento al tomar la decisión de recibir salvación y sanidad.

Me impresiona como ella pudo vencer todo esto y por esa decisión que tomo su vida cambio.

Preguntas que te puedes hacer.

1. Escribe esas cosas que en la vida te ha impedido alcanzar plenitud, santidad, liberación?

_______________________________

_______________________________

_______________________________

_______________________________

2. Que has hecho para cambiar tu condición o sanar esas heridas internas?

_______________________________

_______________________________

_______________________________

_______________________________

3. Conoces a Jesús solo has escuchado hablar de Él?

_______________________________

_______________________________

_______________________________

_______________________________

Te invito a abrir tu corazón y pedirle a Dios que sane cada área en tu vida, no tienes que tener una super Fe, la palabra de Dios nos dice que solo necesitamos Fe como un gran de mostaza.

Jesús iba a camino a la casa de Jairo ya que él estaba en necesidad de un Milagro. La hija de este hombre estaba enferma y pidió a Jesús que lo ayudara. En ese tiempo mientras Jesús se dirigía a la casa de Jairo, la mujer del flujo de sangro, por entre la multitud toco el borde del manto de Jesús y fue sana. En ese momento mensajearon vinieron a Jesús y dijeron 'la niña ha muerto, Jesús respondiendo dijo; Jairo tu hija no está muerta solo duerme.

En la vida es necesario que cosas mueran en nosotros para que lo nuevo de Dios tome vida en nosotros. Cosas deben morir en tu interior como el miedo, el odio, las críticas, los señalamientos, morir al qué dirán, a la falta de perdón, al conformarse, entre otras cosas que no nos permiten avanzar y ser libres. A Jesús no le fue impedimento que iba a camino a casa de alguien, ni le dijo a esta mujer 'espera que esté ocupado' Muchas veces nosotros somos nuestro mayor impedimento para alcanzar el Milagro que necesitamos. Jesús esta siempre dispuesto para escucharte, recibirte, sanarte, limpiarte y darte salvación y vida eterna. Así que no esperes más, ven a Él.

Solo hay uno que puede sanar en totalidad y amarte por encima de todo. Jesús te espera con brazos abiertos.

# Capítulo 13

En el libro de Jueces 13-16 podemos encontrar la historia de Sansón. Él fue un juez y líder israelita que poseía una fuerza sobrenatural debido a una promesa que un ángel dijo a su madre cuando un día se le apareció.

[3] a esta mujer apareció el ángel de Jehová, y le dijo: He aquí que tú eres estéril, y nunca has tenido hijos; pero concebirás y darás a luz un hijo. [4] ahora, pues, no bebas vino ni sidra, ni comas cosa inmunda.[5] Pues he aquí que concebirás y darás a luz un hijo; y navaja no pasará sobre su cabeza, porque el niño será nazareo a Dios desde su nacimiento, y él comenzará a salvar a Israel de mano de los filisteos.[6] Y la mujer vino y se lo contó a su marido, diciendo: Un varón de Dios vino a mí, cuyo aspecto era como el aspecto de un ángel de Dios, temible en gran manera; y no le pregunté de dónde ni quién era, ni tampoco él me dijo su nombre. [7] y me dijo: He aquí que tú concebirás, y darás a luz un hijo; por tanto, ahora no bebas vino, ni sidra, ni comas cosa

inmunda, porque este niño será nazareo a Dios desde su nacimiento hasta el día de su muerte.

Nacido y creció Sansón; desde su juventud demostró una gran fuerza física y realizo hazañas asombrosas. Sin embargo, también fue conocido por su debilidad hacia las mujeres filisteas, quienes eran enemigos de Israel.

En la Biblia, encontramos numerosos personajes cuyas historias y enseñanzas han dejado una profunda huella en la humanidad. Uno de estos personajes destacados es Sansón, conocido por su fuerza sobrehumana y su inquebrantable confianza en sí mismo. Sin embargo, la historia de Sansón también nos enseña la importancia de no dejarnos engañar por las apariencias y la fuente verdadera de nuestra fortaleza.

Sin embargo, a pesar de su llamado divino, Sansón a menudo se dejaba llevar por sus deseos y se acercaba a la tentación. Una de las debilidades más notables de Sansón fue su atracción por las mujeres filisteas. Aunque Dios le había advertido sobre los peligros de estas relaciones, Sansón insistió en casarse con una mujer filistea llamada Dalila. La historia de Sansón y Dalila es famosa, ya que Dalila traicionó a Sansón al descubrir la fuente de su fuerza al cortar su cabello.

La historia de Sansón y Dalila nos enseña una lección importante sobre la confianza en las apariencias. A simple vista, Dalila parecía tener buenos sentimientos hacia Sansón, pero en realidad, su propósito era traicionarlo y debilitarlo. Su belleza y encanto disfrazaban su verdadera naturaleza. Sansón, desafortunadamente, cayó en la trampa de creer en la bondad aparente de alguien que no merecía su confianza.

Esta lección nos invita a reflexionar sobre nuestras propias vidas y las relaciones que forjamos. A menudo, nos dejamos llevar por las apariencias externas y confiamos en aquellos que parecen amigables y benevolentes. Sin embargo, como nos enseña la historia de Sansón, la belleza y el encanto no garantizan la lealtad y la bondad.

En lugar de confiar ciegamente en las apariencias, debemos mirar más allá de la superficie y evaluar las acciones y los motivos de las personas. Esto no significa que debamos desconfiar de todos, sino que debemos ser cautelosos y no dejarnos llevar fácilmente por las apariencias engañosas. Debemos conocer verdaderamente a las personas antes de darles nuestra confianza.

Asimismo, como seguidores de Dios, es importante recordar que nuestra verdadera fortaleza proviene de Él y no de nuestra apariencia o habilidades físicas. La historia de Sansón nos muestra que incluso la persona más fuerte puede ser derrocada cuando pone su confianza en cosas terrenales en lugar de en Dios. Sansón perdió su fuerza cuando perdió su conexión con el propósito divino

# *Capítulo 14*

## Escucha la voz de Dios y obedecelo

Como Sansón muchas veces ignoramos la voz de Dios y las advertencias que Él nos da para que no caigamos en tentación y no tomemos malas decisiones. Dios está interesado en nuestro bienestar en toda área de nuestras vidas. A veces el problema es que abrimos nuestro corazón a personas equivocadas y terminamos sufriendo consecuencias y a veces salimos lastimados, pero se nos hace más fácil culpar a Dios que asumir nuestra responsabilidad en que muchas veces no obedecemos a Dios ni guardamos su palabra.

Sansón abrió su corazón a la persona equivocada y esto lo llevo a que fuera traicionado. Aun así, Dios cumplido su propicito en él.

El problema no es que confiemos en las personas, el problema está en que no buscamos dirección de Dios. Para evitar esto la respuesta no está en volverse frio e indiferente a los Demas. Más bien debemos buscar dirección de Dios antes de tomar decisiones y abrir nuestro corazón. No toda persona que pasa por tu camino es con el fin de quedarse y no a todos les debes abrir tu corazón y entregar tu confianza.

Unos de los problemas mayores del ser humano es que buscamos llenar espacios vacíos y satisfacer nuestra vida rodeándonos de personas, esperando aprobación del hombre, o a veces lo buscamos en los vicios y aun cosas materiales quitándole a Dios el lugar que solo El merece.

Fuimos creados para glorificar a Dios y vivir para El, Por eso nada fuera de Él nos podrá satisfacer ni llenar.

No importa que tan buen corazón tengamos, todos somos imperfectos y con naturaleza pecaminosa por eso la gente falla, pero Dios permanece fiel

A veces hacemos más esfuerzo por agradar a las personas que en vivir para agradar

Dios quien es el único que puede amarte y cuidarte como lo necesitas, su amor no tiene límites, ni condiciones. No hay nada que podamos hacer para merecer su amor ni para que el deje de amarnos. Dios ama aun al pecador, pero aborrece el pecado. Él está dispuesto a llenar tu vida, guiar tus pasos y cumplir su propósito en ti.

Preguntas que te puedes hacer.

1.Cual es la importancia de buscar dirección de Dios antes de tomar decisiones y abrir nuestro corazón a las personas?

_______________________________________________

_______________________________________________

_______________________________________________

_______________________________________________

_______________________________________________

_______________________________________________

2.Que nos ensena este capítulo sobre el amor incondicional de Dios y su disposición para llenar nuestras vidas y cumplir su proposición en nosotros?

_______________________________________________

_______________________________________________

_______________________________________________

_______________________________________________

_______________________________________________

No debemos confiar en nuestras emociones ni sentimientos si no son primero probados y aprobados por Dios.

Jeremías 17:9-10 Engañoso es el corazón más que todas las cosas y perverso Quien lo conocerá?

Yo Jehová, que escudriño la mente y que pruebo el corazón, para dar a cada uno según su camino según el fruto de sus obras.

Ten cuidado en quien depositas tu confianza. Fija tu mirada en Jesús y busca su dirección siempre.

Salmos 147:3

Dios sana a los que tienes el corazón roto

Venda sus heridas.

# *Capítulo 15*

Auto examinarnos no es trabajo fácil, pues para la humanidad desde la creación, desde Adán y Eva es más fácil buscar culpables para justificar nuestras malas acciones y decisiones equivocadas. Justificar nuestras malas conductas solo nos encierran y atan a un pasado o a sentimientos contrarios que nos brindan un gran peso sobre nosotros y sin querer afectamos a quienes nos rodean (maldiciones generacionales).

Imagínate que cada situación que ha enfrentado en la vida en una papa(potito), y las has cargado contigo dentro de un saco en el transcurso de tu vida. Cada una de ella se va descomponiendo más y más, se va pudriendo y cuando entras una buena se dañará junto a las otras. El estado de descomposición produce un olor muy desagradable. Imagina cargar con este saco por meses o años, todos a tu alrededor notaran el mal olor.

Ahora compara esto a situaciones en tu vida. Cada vez que te sucede algo negativo o desagradable y lo vas acumulando poco a poco van creciendo sentimientos contrarios y actitudes que te afectan tanto a ti como a otros. Con el tiempo será tanto resentimiento o desconfianza que no podrás disfrutar de la gente buena y darles lo mejor de ti porque cargas un saco de papas podridas y cada papa en buen estado es con timada y se daña por las otras (o sea no puedes ver lo lindo de la vida ni disfrutar el amor de Dios en su totalidad porque las malas experiencias, las heridas no sanadas no te lo permiten. Sin darnos cuenta damos por menos el sacrificio de Jesús en la cruz por amor a ti y a mi aun sin merecerlo. Jesús recibió el peor castigo, llevo tu culpa y la mía y nos dio la mayor muestra de perdón y amor.

Jesús perdono a todo aquel que lo traiciono, le negó, lo lastimo, se burlaron de él y a diario perdona nuestras ofensas. Jesús siendo perfecto y justo, sin merecerlo, llevo nuestra culpa y nos regaló el perdón y vida eterna. ¿Entonces porque se nos hace difícil perdonar y amar? Debemos entender que cada uno da lo que tiene según su capacidad, por lo tanto, no debe ser reflejo de nosotros, si no que debemos entender que todos llevamos luchas y día a día enfrentamos situaciones que nos marcan para bien o para mal según decidamos.

Tu actitud ante cada situación te debe revelar a ti mismo quién eres, si has sanado y que áreas aun debes rendirle a Dios en oración.

Esto es un proceso que conlleva tiempo, fuerza de voluntad, disposición y diciplina. Abrir tu corazón a veces te dolerá porque tendrás que verte cara a cara con aquello o con quienes te afligieron y lastimaron, pero es lo mejor que podemos hacer y solo atreves de Dios y su Santo Espíritu podremos lograrlo.

*Clama a mí y yo te responderé

Pídele a Dios en oración que te muestre todo pecado en tu vida que este oculto y falta de perdón. Puedes hacer una lista según Dios te los traiga a memoria inclusive de esas veces que te fallaste a ti mismo y luego ora y suelta el perdón.

Examina mi corazón

Deber romper hábitos negativos, supera la Crítica, el rechazo, el Señalamiento.

Sobre toda cosa guardada guarda tu corazón

Limpia tu corazón y Renueva tu mente

Proverbios 28:13 El que encubre sus pecados no prosperara, pero el que los confiesa y los abandona alcanzara misericordia. Bienaventurado el hombre que siempre teme a Dios, pero el que endurece su corazón caerá en el mal.

Es necesario reconocer, identificar y confesar en oración para ser libre y sanar.

¡Padre venimos delante de ti en un mismo sentir! Clamamos que tu cuides de mí y todo lo que lean este libro. Se que Tú te glorificaras en todo lo que hagamos para ti. Enséñanos a abrir nuestro corazón y mente en lo que tú tienes preparado para nosotros. Seas tu guiando nuestros pasos y nuestros planes. Examina nuestro corazón y arranca lo que impida crecer en tu camino. Cubre cada familia, mi casa, y los que me rodean. Todo esto te lo pedimos en el nombre de Jesús. Amen!

# ABRE TU CRORAZON

# ABRE TU CRORAZON

# ABRE TU CRORAZON